Putzpause

Herstellung und Verlag:
BoD - Books on Demand, Norderstedt
ISBN 978-3-7412-7142-7

Hallo liebe Freundinnen,

heute schenke ich dir ein paar Minuten Pause von dem stressigen Alltag zu Hause. Dieses Buch wird noch eine schöne Erinnerung an unsere Freundschaft. Egal, ob wir in Zukunft viel, wenig oder gar keinen Kontakt haben werden. Niemand weiß, wie das Leben noch spielt. Doch egal was kommt, die Erinnerung bleibt.

Jedem von euch stehen 4 Seiten zur Verfügung. Tobt Euch aus und ich hoffe ihr habt genauso viel Freude am Ausfüllen, wie ich am Lesen. Gerne dürft ihr eure Seiten auch bunt gestalten und bekleben, um ein einzigartiges Kunstwerk aus diesem Buch zu machen. Wenn ich wollt, dürft ihr je eine Blume auf die 1. Seite malen.

Und nun viel Spaß, putzen können wir nachher auch noch.

Das bin ich

Dein Geburtstag:

Dein Name: Heutiges Datum:

Wann und wie haben wir uns kennengelernt?

Hast du Kinder, wenn ja wie alt sind sie?

Hast du einen grünen Daumen?   Deine Lieblingsblume:

Dein Lieblingssupermarkt: Kannst du nähen?

Dein Lieblingswochentag mit Begründung:

Bist du die gute oder die böse Hexe?

Hier ist Platz für ein Bild von dir, am besten während deiner Hausarbeit 😊

Tee oder Kaffee:

Hast du Haustiere?

Welches ist deine Lieblingshausarbeit und warum?

Was machst du am wenigsten gern und warum?

Dein Lieblings Zeichentrickfilm:

Fleisch- oder Pflanzenfresser?

Bitte male ein Bild für mich oder verfasse einen eigenen Text:

Hast du dir telefonisch schon einmal etwas aufschwatzen lassen?

Dein Lieblingsessen:

Beliebtes Reiseziel:

Deine persönliche Sucht:

Naturmensch oder TV Glotzer:

Kennst du noch den Struwwelpeter?

Wie stehst du zu Crocs:

Dein persönlicher Lieblings-Hausfrauentipp:

Dein Geburtstag:

Dein Name: Heutiges Datum:

Wann und wie haben wir uns kennengelernt?

Hast du Kinder, wenn ja wie alt sind sie?

Hast du einen grünen Daumen?   Deine Lieblingsblume:

Dein Lieblingssupermarkt: Kannst du nähen?

Dein Lieblingswochentag mit Begründung:

Bist du die gute oder die böse Hexe?

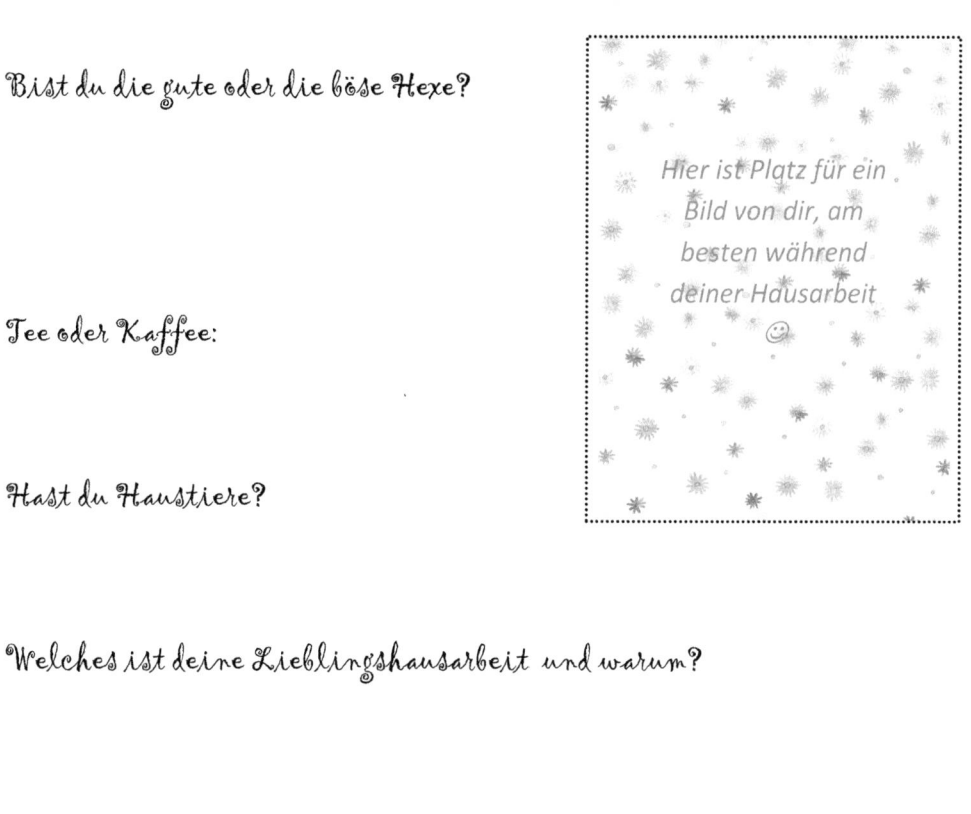

Hier ist Platz für ein Bild von dir, am besten während deiner Hausarbeit 😊

Tee oder Kaffee:

Hast du Haustiere?

Welches ist deine Lieblingshausarbeit und warum?

Was machst du am wenigsten gern und warum?

Dein Lieblings Zeichentrickfilm:

Fleisch- oder Pflanzenfresser?

Bitte male ein Bild für mich oder verfasse einen eigenen Text:

Hast du dir telefonisch schon einmal etwas aufschwatzen lassen?

Dein Lieblingsessen:

Beliebtes Reiseziel:

Deine persönliche Sucht:

Naturmensch oder TV Glotzer:

Kennst du noch den Struwwelpeter?

Wie stehst du zu Crocs:

Dein persönlicher Lieblings-Hausfrauentipp:

Dein Geburtstag:

Dein Name: Heutiges Datum:

Wann und wie haben wir uns kennengelernt?

Hast du Kinder, wenn ja wie alt sind sie?

Hast du einen grünen Daumen?   Deine Lieblingsblume:

Dein Lieblingssupermarkt: Kannst du nähen?

Dein Lieblingswochentag mit Begründung:

Bist du die gute oder die böse Hexe?

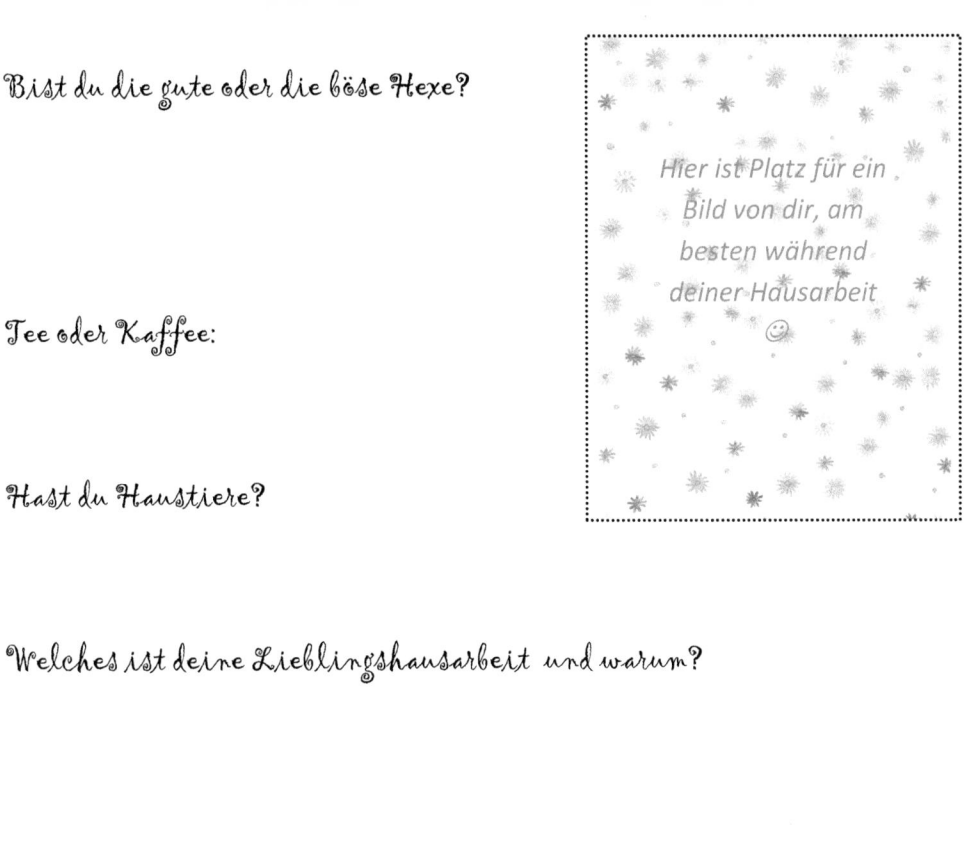

Hier ist Platz für ein Bild von dir, am besten während deiner Hausarbeit 😊

Tee oder Kaffee:

Hast du Haustiere?

Welches ist deine Lieblingshausarbeit und warum?

Was machst du am wenigsten gern und warum?

Dein Lieblings Zeichentrickfilm:

Fleisch- oder Pflanzenfresser?

Bitte male ein Bild für mich oder verfasse einen eigenen Text:

Hast du dir telefonisch schon einmal etwas aufschwatzen lassen?

Dein Lieblingsessen:

Beliebtes Reiseziel:

Deine persönliche Sucht:

Naturmensch oder TV Glotzer:

Kennst du noch den Struwwelpeter?

Wie stehst du zu Crocs:

Dein persönlicher Lieblings-Hausfrauentipp:

Dein Geburtstag:

Dein Name: Heutiges Datum:

Wann und wie haben wir uns kennengelernt?

Hast du Kinder, wenn ja wie alt sind sie?

Hast du einen grünen Daumen?   Deine Lieblingsblume:

Dein Lieblingssupermarkt: Kannst du nähen?

Dein Lieblingswochentag mit Begründung:

Bist du die gute oder die böse Hexe?

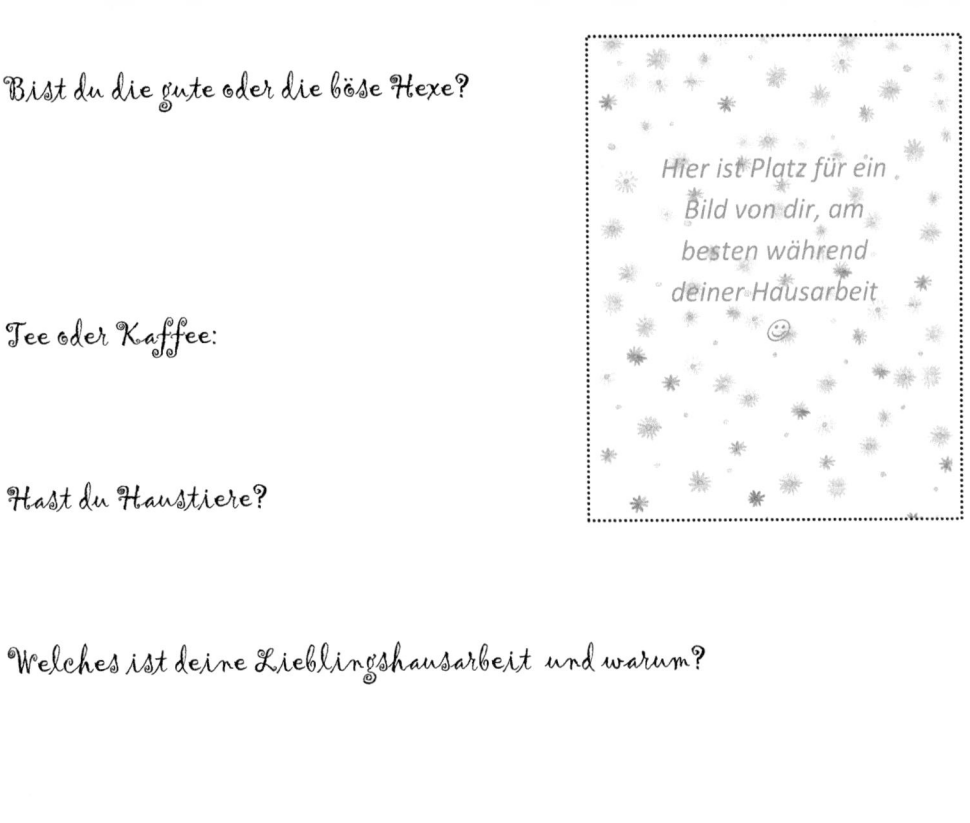

Hier ist Platz für ein Bild von dir, am besten während deiner Hausarbeit 😊

Tee oder Kaffee:

Hast du Haustiere?

Welches ist deine Lieblingshausarbeit und warum?

Was machst du am wenigsten gern und warum?

Dein Lieblings Zeichentrickfilm:

Fleisch- oder Pflanzenfresser?

Bitte male ein Bild für mich oder verfasse einen eigenen Text:

Hast du dir telefonisch schon einmal etwas aufschwatzen lassen?

Dein Lieblingsessen:

Beliebtes Reiseziel:

Deine persönliche Sucht:

Naturmensch oder TV Glotzer:

Kennst du noch den Struwwelpeter?

Wie stehst du zu Crocs:

Dein persönlicher Lieblings-Hausfrauentipp:

Dein Geburtstag:

Dein Name: Heutiges Datum:

Wann und wie haben wir uns kennengelernt?

Hast du Kinder, wenn ja wie alt sind sie?

Hast du einen grünen Daumen?   Deine Lieblingsblume:

Dein Lieblingssupermarkt: Kannst du nähen?

Dein Lieblingswochentag mit Begründung:

Bist du die gute oder die böse Hexe?

Hier ist Platz für ein Bild von dir, am besten während deiner Hausarbeit ☺

Tee oder Kaffee:

Hast du Haustiere?

Welches ist deine Lieblingshausarbeit und warum?

Was machst du am wenigsten gern und warum?

Dein Lieblings Zeichentrickfilm:

Fleisch- oder Pflanzenfresser?

Bitte male ein Bild für mich oder verfasse einen eigenen Text:

Hast du dir telefonisch schon einmal etwas aufschwatzen lassen?

Dein Lieblingsessen:

Beliebtes Reiseziel:

Deine persönliche Sucht:

Naturmensch oder TV Glotzer:

Kennst du noch den Struwwelpeter?

Wie stehst du zu Crocs:

Dein persönlicher Lieblings-Hausfrauentipp:

Dein Geburtstag:

Dein Name: Heutiges Datum:

Wann und wie haben wir uns kennengelernt?

Hast du Kinder, wenn ja wie alt sind sie?

Hast du einen grünen Daumen?   Deine Lieblingsblume:

Dein Lieblingssupermarkt: Kannst du nähen?

Dein Lieblingswochentag mit Begründung:

Bist du die gute oder die böse Hexe?

Hier ist Platz für ein Bild von dir, am besten während deiner Hausarbeit ☺

Tee oder Kaffee:

Hast du Haustiere?

Welches ist deine Lieblingshausarbeit und warum?

Was machst du am wenigsten gern und warum?

Dein Lieblings Zeichentrickfilm:

Fleisch- oder Pflanzenfresser?

Bitte male ein Bild für mich oder verfasse einen eigenen Text:

Hast du dir telefonisch schon einmal etwas aufschwatzen lassen?

Dein Lieblingsessen:

Beliebtes Reiseziel:

Deine persönliche Sucht:

Naturmensch oder TV Glotzer:

Kennst du noch den Struwwelpeter?

Wie stehst du zu Crocs:

Dein persönlicher Lieblings-Hausfrauentipp:

Dein Geburtstag:

Dein Name: Heutiges Datum:

Wann und wie haben wir uns kennengelernt?

Hast du Kinder, wenn ja wie alt sind sie?

Hast du einen grünen Daumen?   Deine Lieblingsblume:

Dein Lieblingssupermarkt: Kannst du nähen?

Dein Lieblingswochentag mit Begründung:

Bist du die gute oder die böse Hexe?

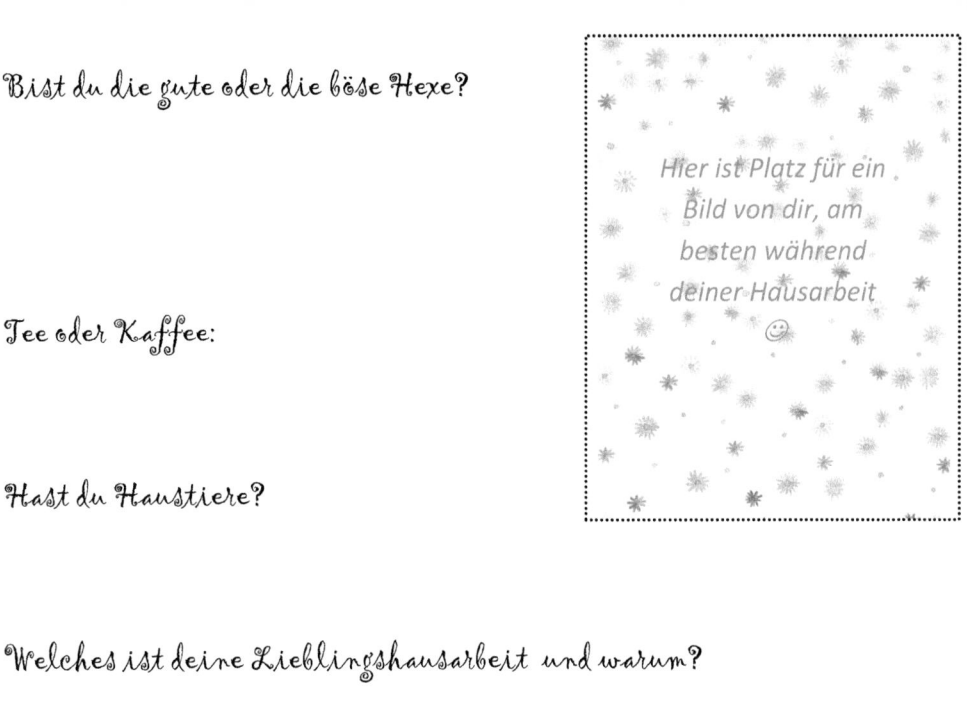
Hier ist Platz für ein Bild von dir, am besten während deiner Hausarbeit 😊

Tee oder Kaffee:

Hast du Haustiere?

Welches ist deine Lieblingshausarbeit und warum?

Was machst du am wenigsten gern und warum?

Dein Lieblings Zeichentrickfilm:

Fleisch- oder Pflanzenfresser?

Bitte male ein Bild für mich oder verfasse einen eigenen Text:

Hast du dir telefonisch schon einmal etwas aufschwatzen lassen?

Dein Lieblingsessen:

Beliebtes Reiseziel:

Deine persönliche Sucht:

Naturmensch oder TV Glotzer:

Kennst du noch den Struwwelpeter?

Wie stehst du zu Crocs:

Dein persönlicher Lieblings-Hausfrauentipp:

Dein Geburtstag:

Dein Name: Heutiges Datum:

Wann und wie haben wir uns kennengelernt?

Hast du Kinder, wenn ja wie alt sind sie?

Hast du einen grünen Daumen?   Deine Lieblingsblume:

Dein Lieblingssupermarkt: Kannst du nähen?

Dein Lieblingswochentag mit Begründung:

Bist du die gute oder die böse Hexe?

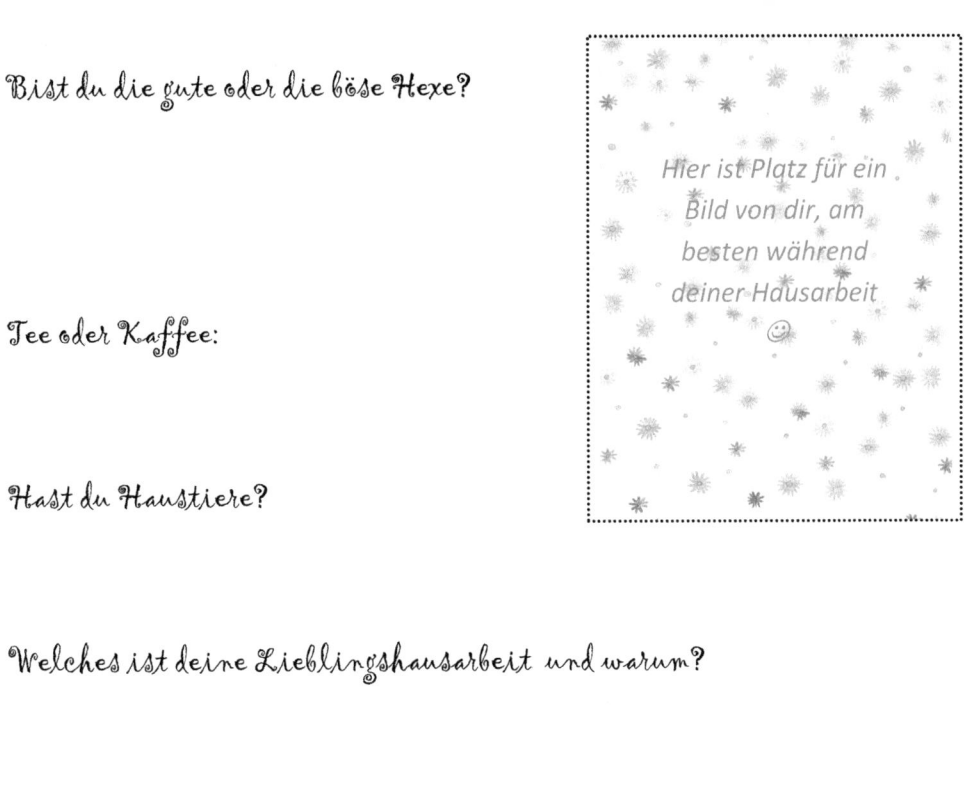

Hier ist Platz für ein Bild von dir, am besten während deiner Hausarbeit 😊

Tee oder Kaffee:

Hast du Haustiere?

Welches ist deine Lieblingshausarbeit und warum?

Was machst du am wenigsten gern und warum?

Dein Lieblings Zeichentrickfilm:

Fleisch- oder Pflanzenfresser?

Bitte male ein Bild für mich oder verfasse einen eigenen Text:

Hast du dir telefonisch schon einmal etwas aufschwatzen lassen?

Dein Lieblingsessen:

Beliebtes Reiseziel:

Deine persönliche Sucht:

Naturmensch oder TV Glotzer:

Kennst du noch den Struwwelpeter?

Wie stehst du zu Crocs:

Dein persönlicher Lieblings-Hausfrauentipp:

Dein Geburtstag:

Dein Name:					Heutiges Datum:

Wann und wie haben wir uns kennengelernt?

Hast du Kinder, wenn ja wie alt sind sie?

Hast du einen grünen Daumen?			Deine Lieblingsblume:

Dein Lieblingssupermarkt:			Kannst du nähen?

Dein Lieblingswochentag mit Begründung:

Bist du die gute oder die böse Hexe?

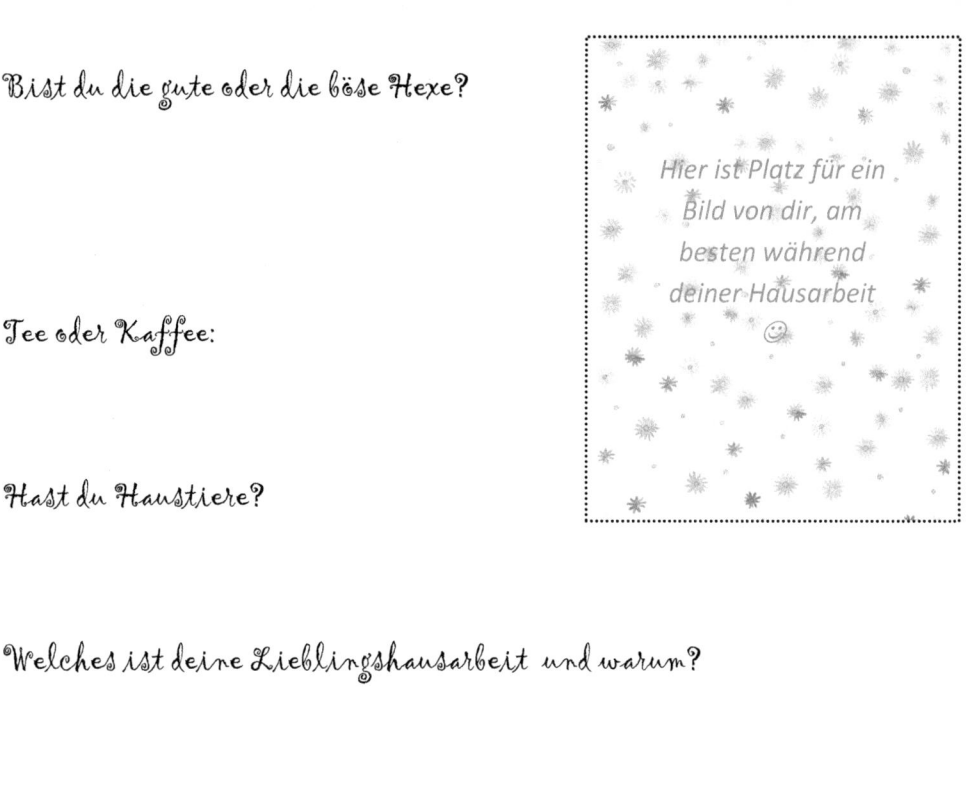

Hier ist Platz für ein Bild von dir, am besten während deiner Hausarbeit ☺

Tee oder Kaffee:

Hast du Haustiere?

Welches ist deine Lieblingshausarbeit und warum?

Was machst du am wenigsten gern und warum?

Dein Lieblings Zeichentrickfilm:

Fleisch- oder Pflanzenfresser?

Bitte male ein Bild für mich oder verfasse einen eigenen Text:

Hast du dir telefonisch schon einmal etwas aufschwatzen lassen?

Dein Lieblingsessen:

Beliebtes Reiseziel:

Deine persönliche Sucht:

Naturmensch oder TV Glotzer:

Kennst du noch den Struwwelpeter?

Wie stehst du zu Crocs:

Dein persönlicher Lieblings-Hausfrauentipp:

Dein Geburtstag:

Dein Name: Heutiges Datum:

Wann und wie haben wir uns kennengelernt?

Hast du Kinder, wenn ja wie alt sind sie?

Hast du einen grünen Daumen?   Deine Lieblingsblume:

Dein Lieblingssupermarkt: Kannst du nähen?

Dein Lieblingswochentag mit Begründung:

Bist du die gute oder die böse Hexe?

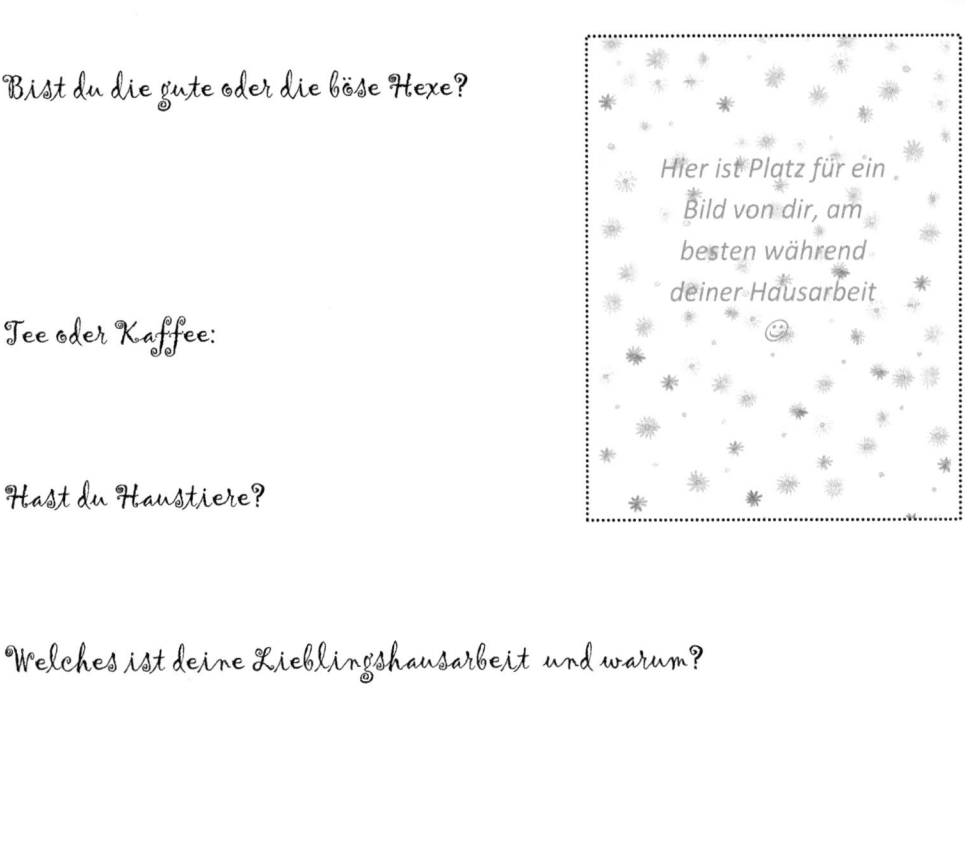
Hier ist Platz für ein Bild von dir, am besten während deiner Hausarbeit 😊

Tee oder Kaffee:

Hast du Haustiere?

Welches ist deine Lieblingshausarbeit und warum?

Was machst du am wenigsten gern und warum?

Dein Lieblings Zeichentrickfilm:

Fleisch- oder Pflanzenfresser?

Bitte male ein Bild für mich oder verfasse einen eigenen Text:

Hast du dir telefonisch schon einmal etwas aufschwatzen lassen?

Dein Lieblingsessen:

Beliebtes Reiseziel:

Deine persönliche Sucht:

Naturmensch oder TV Glotzer:

Kennst du noch den Struwwelpeter?

Wie stehst du zu Crocs:

Dein persönlicher Lieblings-Hausfrauentipp:

Dein Geburtstag:

Dein Name: Heutiges Datum:

Wann und wie haben wir uns kennengelernt?

Hast du Kinder, wenn ja wie alt sind sie?

Hast du einen grünen Daumen?   Deine Lieblingsblume:

Dein Lieblingssupermarkt: Kannst du nähen?

Dein Lieblingswochentag mit Begründung:

Bist du die gute oder die böse Hexe?

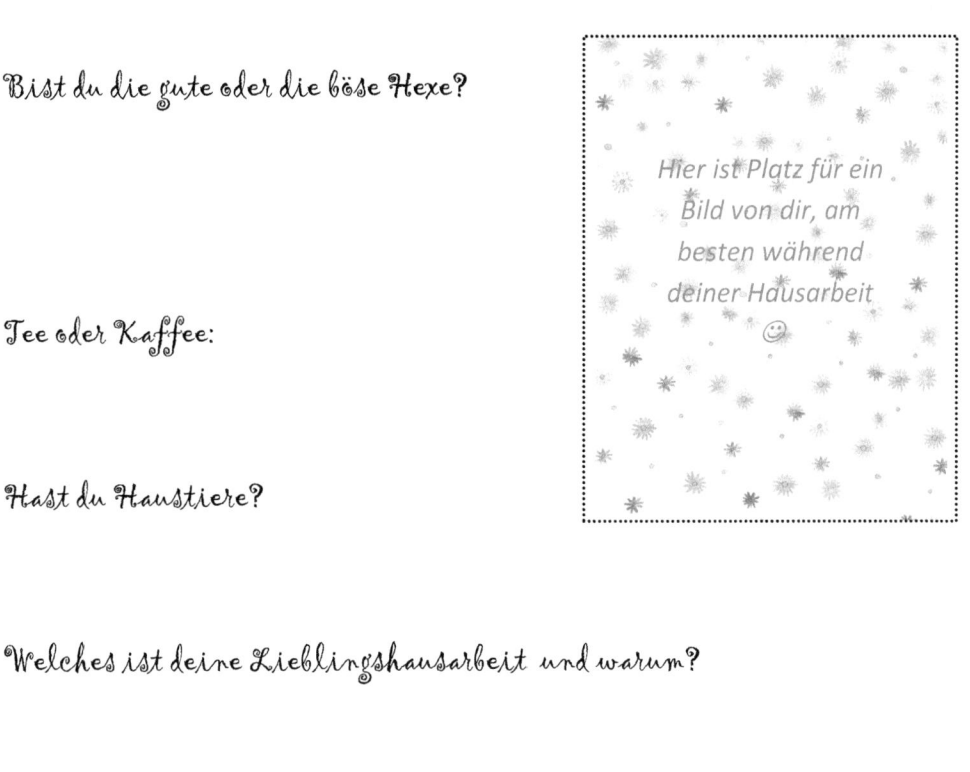

Hier ist Platz für ein Bild von dir, am besten während deiner Hausarbeit 😊

Tee oder Kaffee:

Hast du Haustiere?

Welches ist deine Lieblingshausarbeit und warum?

Was machst du am wenigsten gern und warum?

Dein Lieblings Zeichentrickfilm:

Fleisch- oder Pflanzenfresser?

Bitte male ein Bild für mich oder verfasse einen eigenen Text:

Hast du dir telefonisch schon einmal etwas aufschwatzen lassen?

Dein Lieblingsessen:

Beliebtes Reiseziel:

Deine persönliche Sucht:

Naturmensch oder TV Glotzer:

Kennst du noch den Struwwelpeter?

Wie stehst du zu Crocs:

Dein persönlicher Lieblings-Hausfrauentipp:

Dein Geburtstag:

Dein Name: Heutiges Datum:

Wann und wie haben wir uns kennengelernt?

Hast du Kinder, wenn ja wie alt sind sie?

Hast du einen grünen Daumen?   Deine Lieblingsblume:

Dein Lieblingssupermarkt: Kannst du nähen?

Dein Lieblingswochentag mit Begründung:

Bist du die gute oder die böse Hexe?

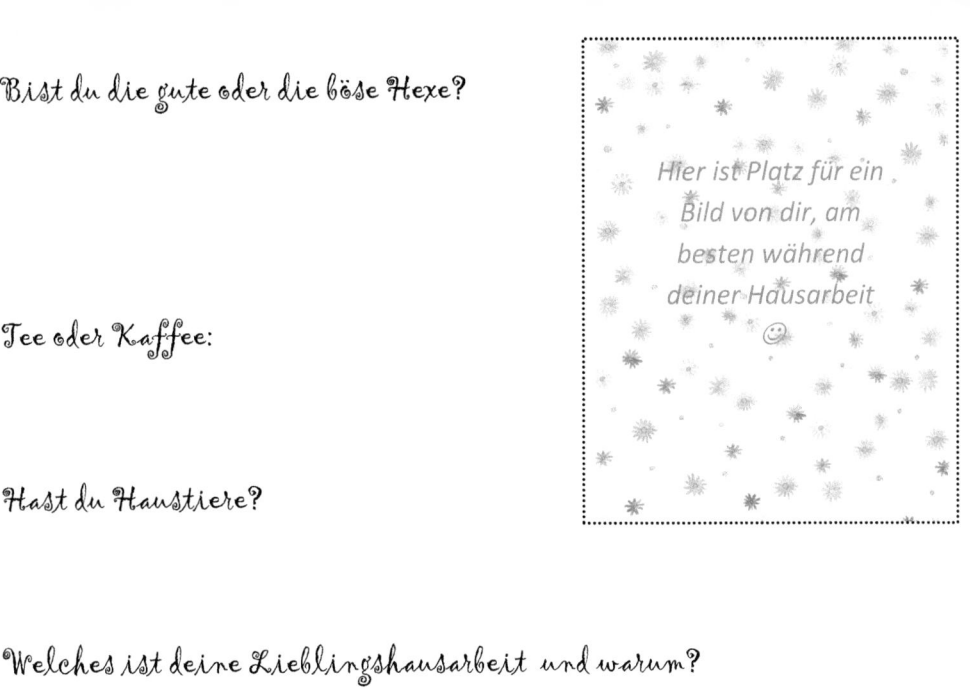

Hier ist Platz für ein Bild von dir, am besten während deiner Hausarbeit ☺

Tee oder Kaffee:

Hast du Haustiere?

Welches ist deine Lieblingshausarbeit und warum?

Was machst du am wenigsten gern und warum?

Dein Lieblings Zeichentrickfilm:

Fleisch- oder Pflanzenfresser?

Bitte male ein Bild für mich oder verfasse einen eigenen Text:

Hast du dir telefonisch schon einmal etwas aufschwatzen lassen?

Dein Lieblingsessen:

Beliebtes Reiseziel:

Deine persönliche Sucht:

Naturmensch oder TV Glotzer:

Kennst du noch den Struwwelpeter?

Wie stehst du zu Crocs:

Dein persönlicher Lieblings-Hausfrauentipp:

Dein Geburtstag:

Dein Name: Heutiges Datum:

Wann und wie haben wir uns kennengelernt?

Hast du Kinder, wenn ja wie alt sind sie?

Hast du einen grünen Daumen?   Deine Lieblingsblume:

Dein Lieblingssupermarkt: Kannst du nähen?

Dein Lieblingswochentag mit Begründung:

Bist du die gute oder die böse Hexe?

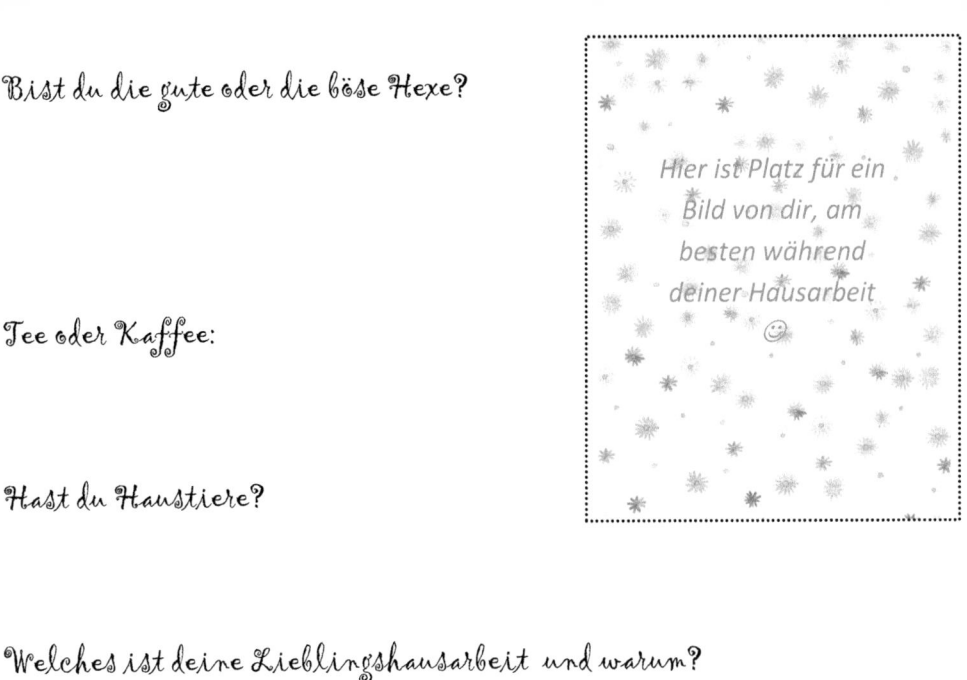

Hier ist Platz für ein Bild von dir, am besten während deiner Hausarbeit 😊

Tee oder Kaffee:

Hast du Haustiere?

Welches ist deine Lieblingshausarbeit und warum?

Was machst du am wenigsten gern und warum?

Dein Lieblings Zeichentrickfilm:

Fleisch- oder Pflanzenfresser?

Bitte male ein Bild für mich oder verfasse einen eigenen Text:

Hast du dir telefonisch schon einmal etwas aufschwatzen lassen?

Dein Lieblingsessen:

Beliebtes Reiseziel:

Deine persönliche Sucht:

Naturmensch oder TV Glotzer:

Kennst du noch den Struwwelpeter?

Wie stehst du zu Crocs:

Dein persönlicher Lieblings-Hausfrauentipp:

Dein Geburtstag:

Dein Name: Heutiges Datum:

Wann und wie haben wir uns kennengelernt?

Hast du Kinder, wenn ja wie alt sind sie?

Hast du einen grünen Daumen?   Deine Lieblingsblume:

Dein Lieblingssupermarkt: Kannst du nähen?

Dein Lieblingswochentag mit Begründung:

Bist du die gute oder die böse Hexe?

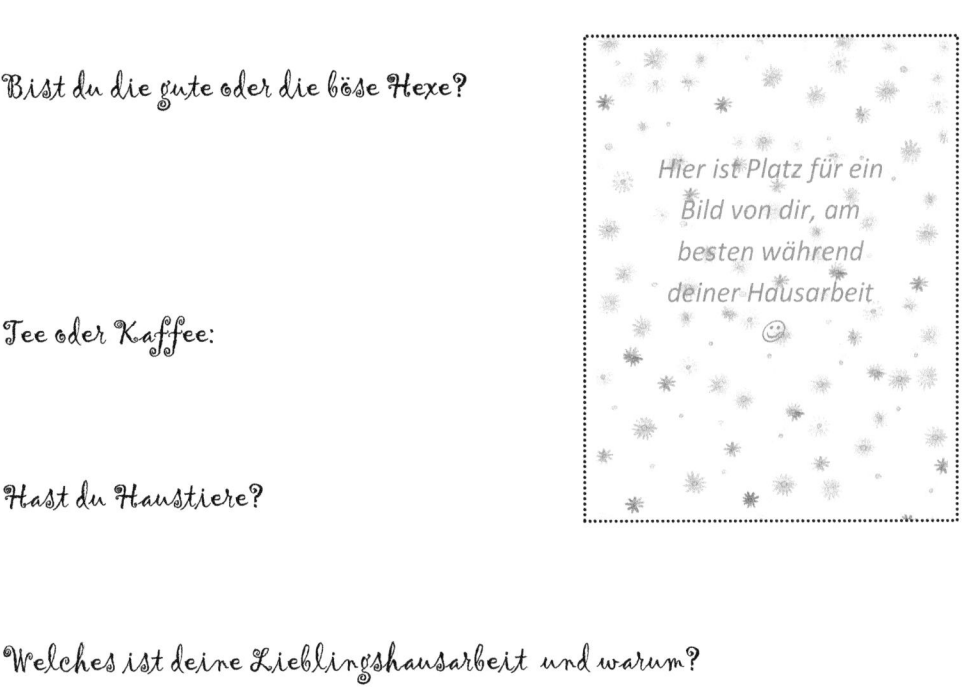

Hier ist Platz für ein Bild von dir, am besten während deiner Hausarbeit 😊

Tee oder Kaffee:

Hast du Haustiere?

Welches ist deine Lieblingshausarbeit und warum?

Was machst du am wenigsten gern und warum?

Dein Lieblings Zeichentrickfilm:

Fleisch- oder Pflanzenfresser?

Bitte male ein Bild für mich oder verfasse einen eigenen Text:

Hast du dir telefonisch schon einmal etwas aufschwatzen lassen?

Dein Lieblingsessen:

Beliebtes Reiseziel:

Deine persönliche Sucht:

Naturmensch oder TV Glotzer:

Kennst du noch den Struwwelpeter?

Wie stehst du zu Crocs:

Dein persönlicher Lieblings-Hausfrauentipp:

Dein Geburtstag:

Dein Name: Heutiges Datum:

Wann und wie haben wir uns kennengelernt?

Hast du Kinder, wenn ja wie alt sind sie?

Hast du einen grünen Daumen?   Deine Lieblingsblume:

Dein Lieblingssupermarkt: Kannst du nähen?

Dein Lieblingswochentag mit Begründung:

Bist du die gute oder die böse Hexe?

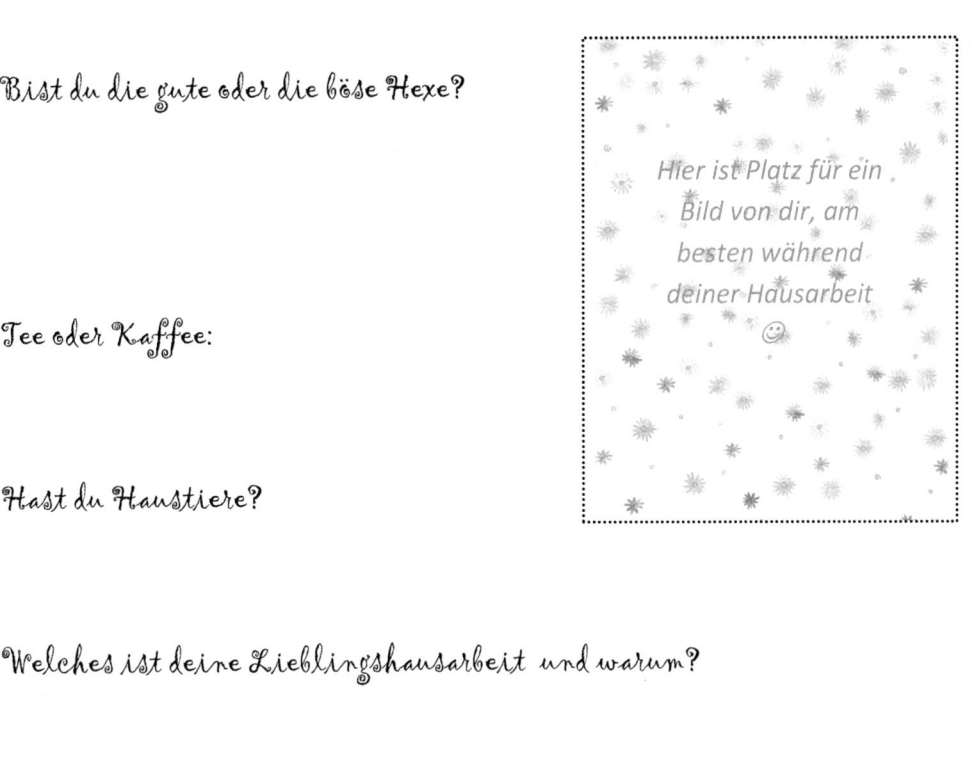

Hier ist Platz für ein Bild von dir, am besten während deiner Hausarbeit 😊

Tee oder Kaffee:

Hast du Haustiere?

Welches ist deine Lieblingshausarbeit und warum?

Was machst du am wenigsten gern und warum?

Dein Lieblings Zeichentrickfilm:

Fleisch- oder Pflanzenfresser?

Bitte male ein Bild für mich oder verfasse einen eigenen Text:

Hast du dir telefonisch schon einmal etwas aufschwatzen lassen?

Dein Lieblingsessen:

Beliebtes Reiseziel:

Deine persönliche Sucht:

Naturmensch oder TV Glotzer:

Kennst du noch den Struwwelpeter?

Wie stehst du zu Crocs:

Dein persönlicher Lieblings-Hausfrauentipp:

Dein Geburtstag:

Dein Name: Heutiges Datum:

Wann und wie haben wir uns kennengelernt?

Hast du Kinder, wenn ja wie alt sind sie?

Hast du einen grünen Daumen?   Deine Lieblingsblume:

Dein Lieblingssupermarkt: Kannst du nähen?

Dein Lieblingswochentag mit Begründung:

Bist du die gute oder die böse Hexe?

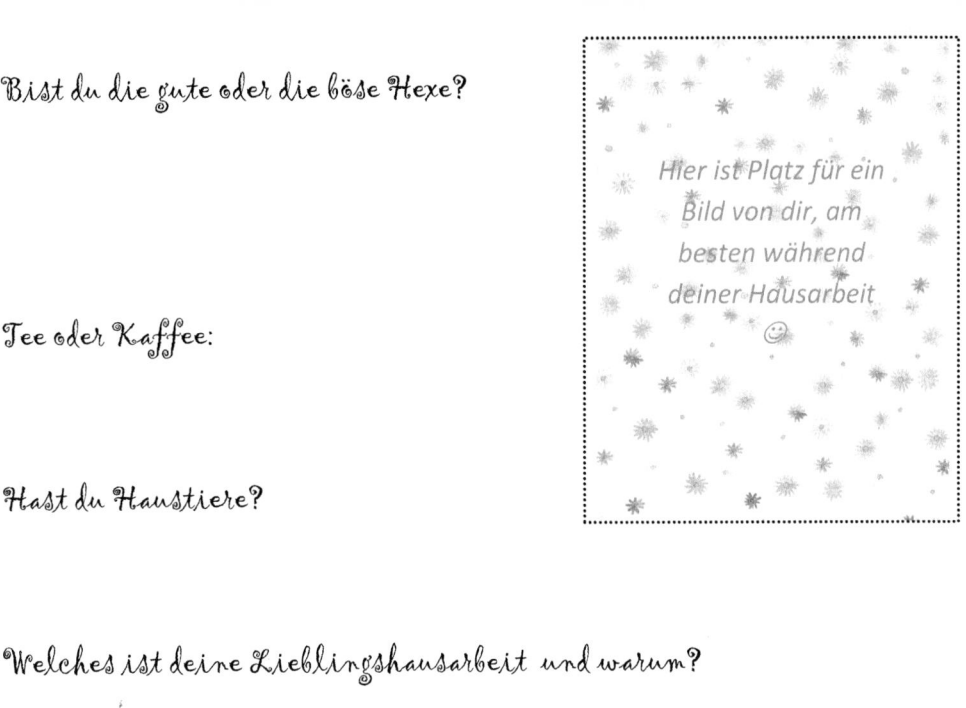

Hier ist Platz für ein Bild von dir, am besten während deiner Hausarbeit 😊

Tee oder Kaffee:

Hast du Haustiere?

Welches ist deine Lieblingshausarbeit und warum?

Was machst du am wenigsten gern und warum?

Dein Lieblings Zeichentrickfilm:

Fleisch- oder Pflanzenfresser?

Bitte male ein Bild für mich oder verfasse einen eigenen Text:

Hast du dir telefonisch schon einmal etwas aufschwatzen lassen?

Dein Lieblingsessen:

Beliebtes Reiseziel:

Deine persönliche Sucht:

Naturmensch oder TV Glotzer:

Kennst du noch den Struwwelpeter?

Wie stehst du zu Crocs:

Dein persönlicher Lieblings-Hausfrauentipp:

Dein Geburtstag:

Dein Name: Heutiges Datum:

Wann und wie haben wir uns kennengelernt?

Hast du Kinder, wenn ja wie alt sind sie?

Hast du einen grünen Daumen?   Deine Lieblingsblume:

Dein Lieblingssupermarkt: Kannst du nähen?

Dein Lieblingswochentag mit Begründung:

Bist du die gute oder die böse Hexe?

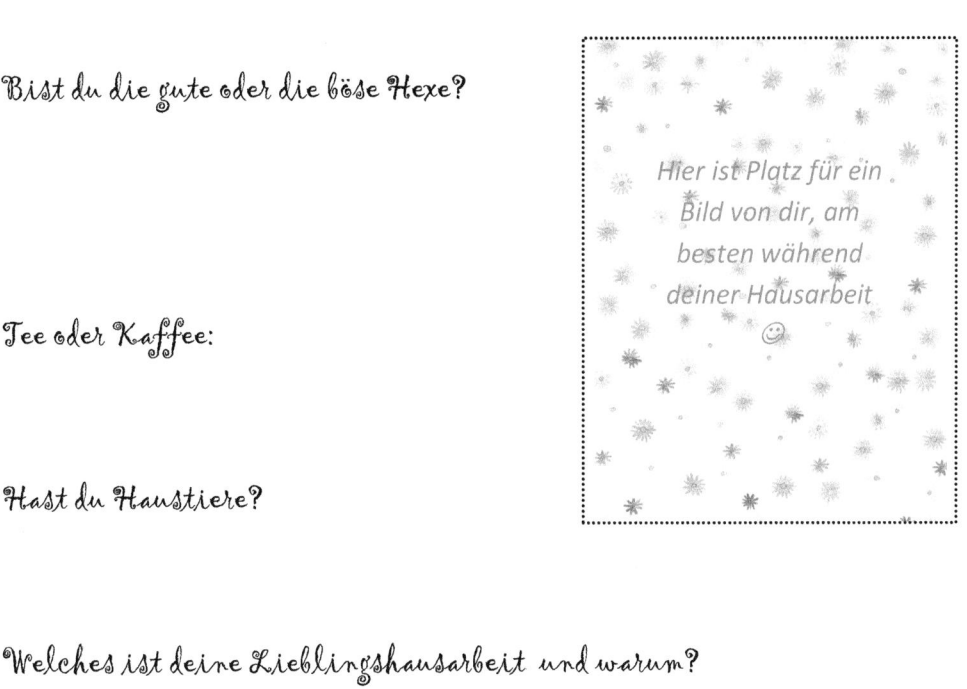

Tee oder Kaffee:

Hast du Haustiere?

Welches ist deine Lieblingshausarbeit und warum?

Was machst du am wenigsten gern und warum?

Dein Lieblings Zeichentrickfilm:

Fleisch- oder Pflanzenfresser?

Bitte male ein Bild für mich oder verfasse einen eigenen Text:

Hast du dir telefonisch schon einmal etwas aufschwatzen lassen?

Dein Lieblingsessen:

Beliebtes Reiseziel:

Deine persönliche Sucht:

Naturmensch oder TV Glotzer:

Kennst du noch den Struwwelpeter?

Wie stehst du zu Crocs:

Dein persönlicher Lieblings-Hausfrauentipp:

Dein Geburtstag:

Dein Name: Heutiges Datum:

Wann und wie haben wir uns kennengelernt?

Hast du Kinder, wenn ja wie alt sind sie?

Hast du einen grünen Daumen?   Deine Lieblingsblume:

Dein Lieblingssupermarkt: Kannst du nähen?

Dein Lieblingswochentag mit Begründung:

Bist du die gute oder die böse Hexe?

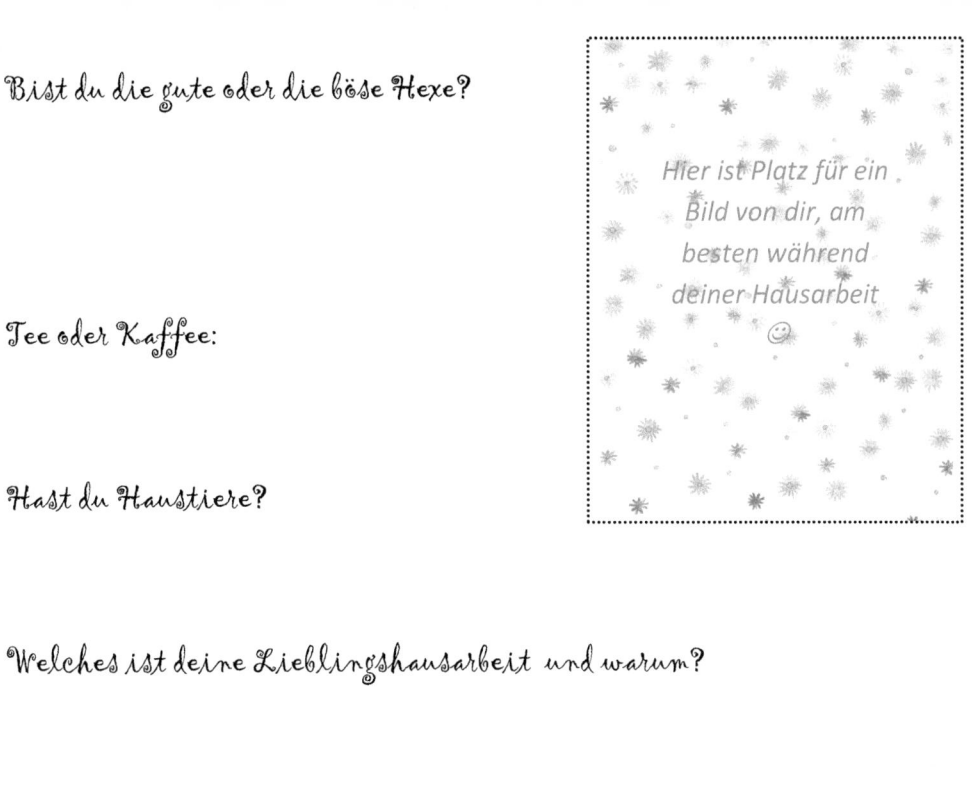

Hier ist Platz für ein Bild von dir, am besten während deiner Hausarbeit ☺

Tee oder Kaffee:

Hast du Haustiere?

Welches ist deine Lieblingshausarbeit und warum?

Was machst du am wenigsten gern und warum?

Dein Lieblings Zeichentrickfilm:

Fleisch- oder Pflanzenfresser?

Bitte male ein Bild für mich oder verfasse einen eigenen Text:

Hast du dir telefonisch schon einmal etwas aufschwatzen lassen?

Dein Lieblingsessen:

Beliebtes Reiseziel:

Deine persönliche Sucht:

Naturmensch oder TV Glotzer:

Kennst du noch den Struwwelpeter?

Wie stehst du zu Crocs:

Dein persönlicher Lieblings-Hausfrauentipp:

Dein Geburtstag:

Dein Name: Heutiges Datum:

Wann und wie haben wir uns kennengelernt?

Hast du Kinder, wenn ja wie alt sind sie?

Hast du einen grünen Daumen?   Deine Lieblingsblume:

Dein Lieblingssupermarkt: Kannst du nähen?

Dein Lieblingswochentag mit Begründung:

Bist du die gute oder die böse Hexe?

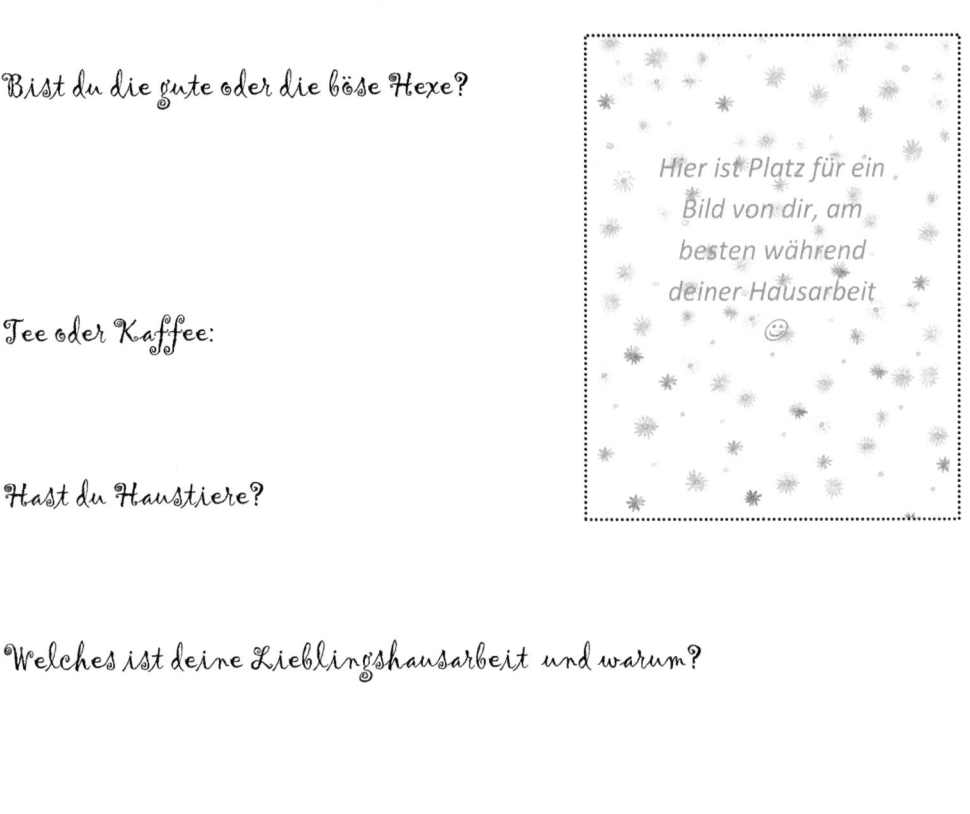
Hier ist Platz für ein Bild von dir, am besten während deiner Hausarbeit 😊

Tee oder Kaffee:

Hast du Haustiere?

Welches ist deine Lieblingshausarbeit und warum?

Was machst du am wenigsten gern und warum?

Dein Lieblings Zeichentrickfilm:

Fleisch- oder Pflanzenfresser?

Bitte male ein Bild für mich oder verfasse einen eigenen Text:

Hast du dir telefonisch schon einmal etwas aufschwatzen lassen?

Dein Lieblingsessen:

Beliebtes Reiseziel:

Deine persönliche Sucht:

Naturmensch oder TV Glotzer:

Kennst du noch den Struwwelpeter?

Wie stehst du zu Crocs:

Dein persönlicher Lieblings-Hausfrauentipp:

Dein Geburtstag:

Dein Name: Heutiges Datum:

Wann und wie haben wir uns kennengelernt?

Hast du Kinder, wenn ja wie alt sind sie?

Hast du einen grünen Daumen?   Deine Lieblingsblume:

Dein Lieblingssupermarkt: Kannst du nähen?

Dein Lieblingswochentag mit Begründung:

Bist du die gute oder die böse Hexe?

Hier ist Platz für ein Bild von dir, am besten während deiner Hausarbeit 😊

Tee oder Kaffee:

Hast du Haustiere?

Welches ist deine Lieblingshausarbeit und warum?

Was machst du am wenigsten gern und warum?

Dein Lieblings Zeichentrickfilm:

Fleisch- oder Pflanzenfresser?

Bitte male ein Bild für mich oder verfasse einen eigenen Text:

Hast du dir telefonisch schon einmal etwas aufschwatzen lassen?

Dein Lieblingsessen:

Beliebtes Reiseziel:

Deine persönliche Sucht:

Naturmensch oder TV Glotzer:

Kennst du noch den Struwwelpeter?

Wie stehst du zu Crocs:

Dein persönlicher Lieblings-Hausfrauentipp:

Dein Geburtstag:

Dein Name: Heutiges Datum:

Wann und wie haben wir uns kennengelernt?

Hast du Kinder, wenn ja wie alt sind sie?

Hast du einen grünen Daumen?   Deine Lieblingsblume:

Dein Lieblingssupermarkt: Kannst du nähen?

Dein Lieblingswochentag mit Begründung:

Bist du die gute oder die böse Hexe?

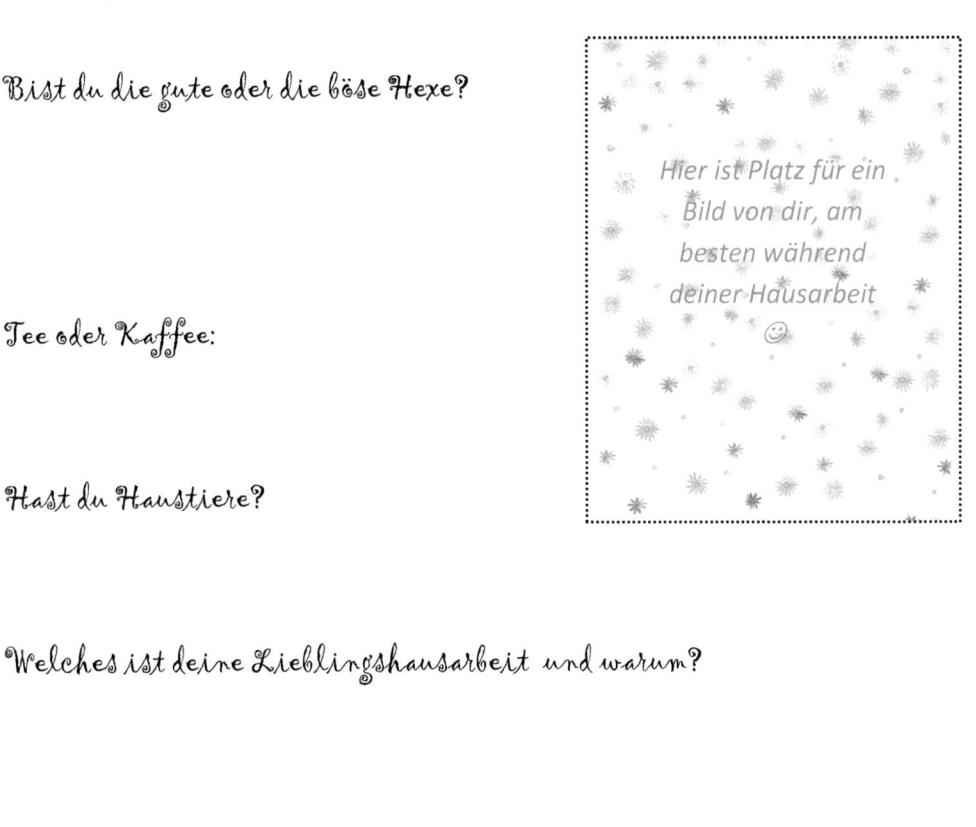

Hier ist Platz für ein Bild von dir, am besten während deiner Hausarbeit ☺

Tee oder Kaffee:

Hast du Haustiere?

Welches ist deine Lieblingshausarbeit und warum?

Was machst du am wenigsten gern und warum?

Dein Lieblings Zeichentrickfilm:

Fleisch- oder Pflanzenfresser?

Bitte male ein Bild für mich oder verfasse einen eigenen Text:

Hast du dir telefonisch schon einmal etwas aufschwatzen lassen?

Dein Lieblingsessen:

Beliebtes Reiseziel:

Deine persönliche Sucht:

Naturmensch oder TV Glotzer:

Kennst du noch den Struwwelpeter?

Wie stehst du zu Crocs:

Dein persönlicher Lieblings-Hausfrauentipp:

Dein Geburtstag:

Dein Name: Heutiges Datum:

Wann und wie haben wir uns kennengelernt?

Hast du Kinder, wenn ja wie alt sind sie?

Hast du einen grünen Daumen?   Deine Lieblingsblume:

Dein Lieblingssupermarkt: Kannst du nähen?

Dein Lieblingswochentag mit Begründung:

Bist du die gute oder die böse Hexe?

Hier ist Platz für ein Bild von dir, am besten während deiner Hausarbeit 😊

Tee oder Kaffee:

Hast du Haustiere?

Welches ist deine Lieblingshausarbeit und warum?

Was machst du am wenigsten gern und warum?

Dein Lieblings Zeichentrickfilm:

Fleisch- oder Pflanzenfresser?

Bitte male ein Bild für mich oder verfasse einen eigenen Text:

Hast du dir telefonisch schon einmal etwas aufschwatzen lassen?

Dein Lieblingsessen:

Beliebtes Reiseziel:

Deine persönliche Sucht:

Naturmensch oder TV Glotzer:

Kennst du noch den Struwwelpeter?

Wie stehst du zu Crocs:

Dein persönlicher Lieblings-Hausfrauentipp:

Dein Geburtstag:

Dein Name: Heutiges Datum:

Wann und wie haben wir uns kennengelernt?

Hast du Kinder, wenn ja wie alt sind sie?

Hast du einen grünen Daumen?   Deine Lieblingsblume:

Dein Lieblingssupermarkt: Kannst du nähen?

Dein Lieblingswochentag mit Begründung:

Bist du die gute oder die böse Hexe?

Hier ist Platz für ein Bild von dir, am besten während deiner Hausarbeit 😊

Tee oder Kaffee:

Hast du Haustiere?

Welches ist deine Lieblingshausarbeit und warum?

Was machst du am wenigsten gern und warum?

Dein Lieblings Zeichentrickfilm:

Fleisch- oder Pflanzenfresser?

Bitte male ein Bild für mich oder verfasse einen eigenen Text:

Hast du dir telefonisch schon einmal etwas aufschwatzen lassen?

Dein Lieblingsessen:

Beliebtes Reiseziel:

Deine persönliche Sucht:

Naturmensch oder TV Glotzer:

Kennst du noch den Struwwelpeter?

Wie stehst du zu Crocs:

Dein persönlicher Lieblings-Hausfrauentipp:

Dein Geburtstag:

Dein Name: Heutiges Datum:

Wann und wie haben wir uns kennengelernt?

Hast du Kinder, wenn ja wie alt sind sie?

Hast du einen grünen Daumen?   Deine Lieblingsblume:

Dein Lieblingssupermarkt: Kannst du nähen?

Dein Lieblingswochentag mit Begründung:

Bist du die gute oder die böse Hexe?

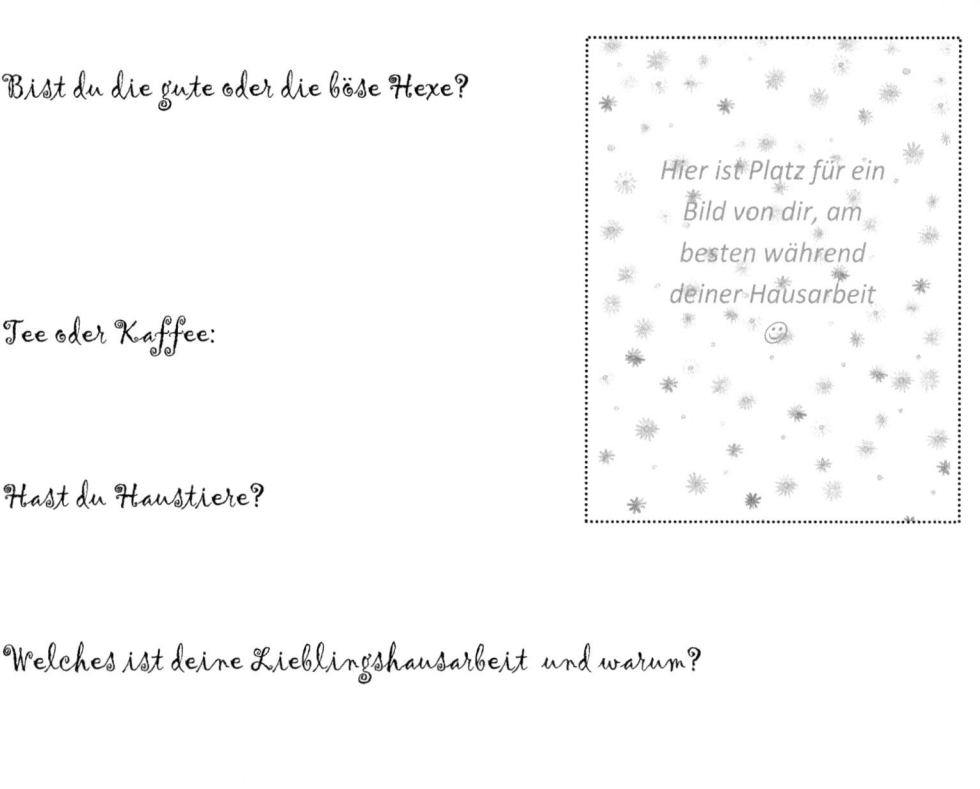

Tee oder Kaffee:

Hast du Haustiere?

Welches ist deine Lieblingshausarbeit und warum?

Was machst du am wenigsten gern und warum?

Dein Lieblings Zeichentrickfilm:

Fleisch- oder Pflanzenfresser?

Bitte male ein Bild für mich oder verfasse einen eigenen Text:

Hast du dir telefonisch schon einmal etwas aufschwatzen lassen?

Dein Lieblingsessen:

Beliebtes Reiseziel:

Deine persönliche Sucht:

Naturmensch oder TV Glotzer:

Kennst du noch den Struwwelpeter?

Wie stehst du zu Crocs:

Dein persönlicher Lieblings-Hausfrauentipp:

Dein Geburtstag:

Dein Name: Heutiges Datum:

Wann und wie haben wir uns kennengelernt?

Hast du Kinder, wenn ja wie alt sind sie?

Hast du einen grünen Daumen?   Deine Lieblingsblume:

Dein Lieblingssupermarkt: Kannst du nähen?

Dein Lieblingswochentag mit Begründung:

Bist du die gute oder die böse Hexe?

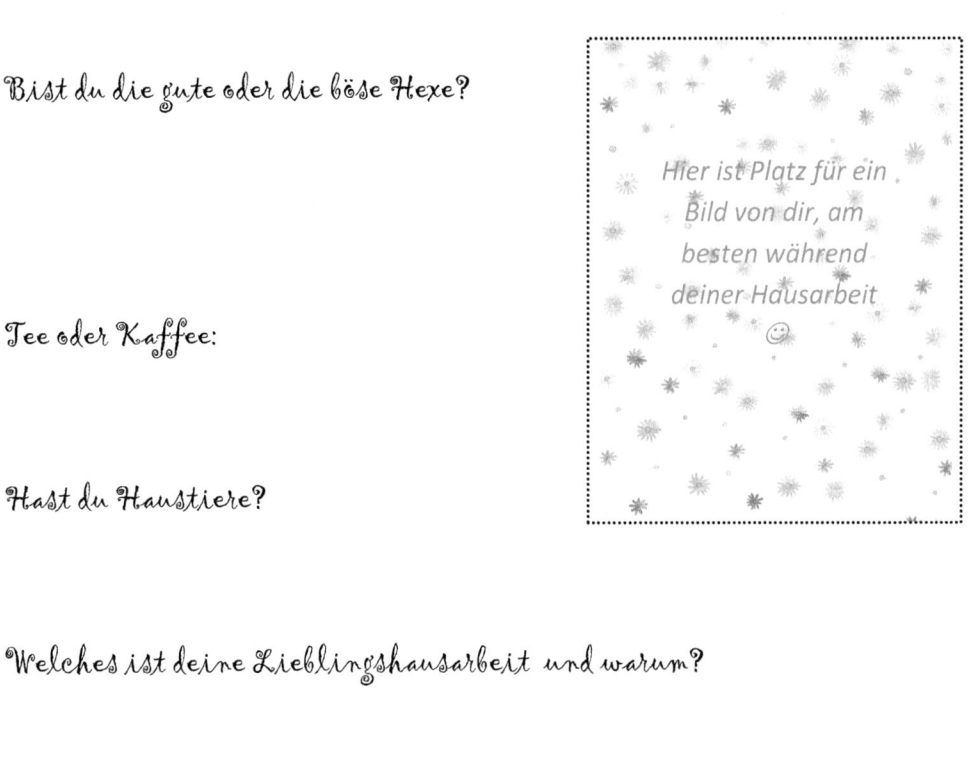

Hier ist Platz für ein Bild von dir, am besten während deiner Hausarbeit 😊

Tee oder Kaffee:

Hast du Haustiere?

Welches ist deine Lieblingshausarbeit und warum?

Was machst du am wenigsten gern und warum?

Dein Lieblings Zeichentrickfilm:

Fleisch- oder Pflanzenfresser?

Bitte male ein Bild für mich oder verfasse einen eigenen Text:

Hast du dir telefonisch schon einmal etwas aufschwatzen lassen?

Dein Lieblingsessen:

Beliebtes Reiseziel:

Deine persönliche Sucht:

Naturmensch oder TV Glotzer:

Kennst du noch den Struwwelpeter?

Wie stehst du zu Crocs:

Dein persönlicher Lieblings-Hausfrauentipp:

Weitere Werke von mir:

Mach Mich Serie:

- Mach Mich – Mach Dich – POSITIV - Das positive Aktiv Buch für Erwachsene
- Mach Mich – Mach Dich – FUNNY - Das lustige Aktiv Buch für Erwachsene
- Mach Mich – Mach Dich – SELFIE - Das etwas andere, lustige Fotoalbum

Schreib mir was Serie:

- **Schreib mir was** – Das etwas andere Freundschafts- und Erinnerungsbuch für Erwachsene
- **Schreib mir noch was** – Teil 2 des Freundschaftsbuches für Erwachsene
- **Leute - Schreibt mir was!** – Das Freundschafts- und Erinnerungsbuch für Jugendliche
- **Liebe Kollegen- schreibt mir was!** – Das Freunde- und Erinnerungsbuch für Arbeitskollegen
- **Schreib mir was zum Schulabschluss** – Das Freundschafts- und Erinnerungsbuch für Schulkameraden
- **Schreibt uns was zur Hochzeit** – Das Hochzeits-Gästebuch

Sonstige:

- **Das Haustier Freundschaftsbuch** – Auch Haustiere dürfen Freundschaftsbücher haben
- **Das Liebeskummer Erste Hilfe Buch** – Lustige & befreiende Aufgaben zur Überwindung des Liebeskummers

Danita-molina.jimdo.com

Bilder & Inhalt © Danita Molina